L'attention
l'autre nom de l'amour

ISBN : 978-2-88938-012-1

Couverture : Marlyse Audergon

Photographie de couverture : © Brian Jackson (fotolia)

Maquette et mise en page : Marlyse Baumgartner

Photolithographie : Karim Sauterel

Photographies : © Michel Tardy

Rosette Poletti

L'attention l'autre nom de l'amour

La Source Vive
Editions

Sommaire

L’ATTENTION EST UN AUTRE NOM POUR L’AMOUR QUAND CELUI-CI NE SE CONTENTE PAS D’ÉMOTIONS OU DE BONNES VOLONTÉS MAIS DEVIENT L’EXERCICE QUOTIDIEN D’UNE RENCONTRE AVEC CE QUI EST, AVEC CE QUE NOUS SOMMES.

Jean-Yves Leloup, *Un art de l’attention*

Introduction

Faire attention à l'autre, donner son attention à l'instant présent et à ce qui nous entoure, voilà la base de tout amour vrai.

Aimer, c'est être attentif à l'autre, c'est être réellement présent dans la relation. C'est être prévenant, intéressé par l'autre.

Certains êtres ont développé cette capacité essentielle et sont eux-mêmes une source de bien-être pour ceux qui les entourent. Être attentif aux autres, ouvert et accueillant, c'est une chose si rare, presque un miracle ! disait Simone Weil.

C'est la rencontre avec des êtres attentifs, compatissants, qui m'a encouragé à chercher la source de cette attention si précieuse.

Qu'est-ce vraiment que l'attention, comment peut-on apprendre à être attentif, à quoi faut-il être attentif? C'est à toutes ces questions que ce petit livre offre quelques réponses.

Au cours des lectures, des rencontres, il m'est apparu clairement qu'il n'y a pas de vrai amour sans attention. Dire à quelqu'un « je t'aime » et ne pas être pleinement attentif à cette personne, à ses besoins, à qui elle est, c'est un leurre.

Prétendre « prendre soin » de quelqu'un ou lui manifester de la compassion sans lui donner sa pleine attention, c'est se tromper soi-même.

L'attention à soi, aux autres, à la transcendance et aux signes, cela ne va pas de soi. Cela s'apprend. Interrogeant une jeune moniale, entrée à 10 ans dans un monastère bouddhiste au Tibet et qui a cette extraordinaire capacité d'attention pour l'autre, celle-ci m'expliquait combien cet apprentissage de l'attention était la base de tout dans sa formation. Du lever au coucher, le souci constant est : comment puis-je manifester à ceux qui m'entourent cette attention, qui est le signe d'un amour altruiste ?

La méditation, les enseignements reçus, tout concourt à développer cette capacité d'attention.

C'est grâce à elle que la compassion peut être offerte à ceux qui souffrent. Comme l'écrit la poétesse Francine Carillo, tellement souvent :

On vit sans être là
On effleure les heures en funambule
On marche dans les rencontres en somnambule

Dans tous ces moments, il n'y a pas d'attention, ni aux autres, ni à soi, ni à l'environnement. Carillo termine son poème en disant :

On aimerait que vivre aille de soi
Mais rien n'est donné sans que nous soyons là pour le désirer.

Il est nécessaire d'apprendre à être là, à être attentif, à vivre dans le présent. Il est nécessaire de désirer cette attention et de la faire grandir en soi pour vivre pleinement.

C'est le but de ce petit ouvrage : rappeler qu'il n'y a pas de vrai amour sans attention et esquisser des pistes pour la développer.

Ce qu'est l'attention

L'autre jour dans le hall d'un centre commercial, un parterre de têtes blondes et brunes suivait une représentation de marionnettes. Ils étaient suspendus aux mouvements de ces petits personnages qui racontaient une histoire qui les passionnait.

Il y avait du bruit autour d'eux, des chalands allaient et venaient avec leurs chariots remplis de victuailles, mais rien d'autre que les marionnettes et la voix du marionnettiste ne les intéressaient. Toute leur attention était donnée à l'histoire qui se jouait sous leurs yeux. Ils étaient pleinement présents, d'une manière naturelle, comme seuls les enfants savent le faire.

Ils donnaient à ce qu'il se passait sur la petite scène devant eux une attention sans jugement, sans critique. Ils étaient tellement attentifs et présents qu'on aurait dit qu'ils étaient une partie de l'histoire.

L'attention est la faculté de l'esprit de se consacrer à un objet, elle est exclusive, parce qu'on ne peut réellement porter son attention que sur un seul objet à la fois. William James (1842-1910), médecin fondateur de la psychologie américaine, décrivait l'attention ainsi : « L'attention est la prise de possession par l'esprit, sous une forme claire et vive, d'un objet ou d'une suite de pensées parmi plusieurs qui semblent possibles. [...] Elle implique le retrait de certains objets afin de traiter plus efficacement les autres. »

Depuis William James, les connaissances scientifiques ont explosé : on sait maintenant que l'attention est indispensable pour percevoir quelque chose, pour mémoriser, pour résoudre les problèmes, qu'elle est composée d'une série de mécanismes qui en constituent chacun une composante spécifique. De nombreuses structures cérébrales sont en jeu dans la capacité d'attention et il existe aussi divers troubles de l'attention. De nombreux enfants manifestent ce qu'on nomme des troubles de l'attention qui les handicapent sur les plans scolaires, sociaux, familiaux.

Ces enfants et un certain nombre d'adultes aussi n'ont pas la capacité de manifester une attention soutenue, c'est-à-dire de maintenir un niveau d'efficience adéquat et stable lorsque l'activité qui sollicite leur attention est d'une certaine durée.

L'attention que nous portons aux choses et aux gens comporte deux aspects : l'intensité et la sélectivité.

Les enfants qui écoutaient le marionnettiste portaient une attention sélective à l'histoire qui leur était racontée, plutôt qu'aux va-et-vient du centre commercial.

Les psychologues étudient le phénomène de l'attention en relation avec les difficultés de vie des individus, les chercheurs en physiologie, les neurologues et les neurochirurgiens tentent de comprendre la source des difficultés d'attention de leurs patients en localisant les aires du cerveau qui permettent l'attention. Les pédagogues tentent de trouver comment enseigner de manière à capter l'attention de leurs élèves et plus récemment, sociologues et spécialistes du marketing étudient les meilleurs moyens d'attirer l'attention des consommateurs sur leur publicité.

En effet, l'attention du client potentiel est devenue le nouvel or noir ! Attirer l'attention, capter l'attention, retenir l'attention, voilà qui est devenu essentiel. Une minute de publicité à la télévision aux heures de grande écoute peut coûter des dizaines de milliers de francs ou d'euros. Chacun rivalise donc de créativité pour que son produit attire l'attention.

Il existe aujourd'hui des techniques de captation de l'attention. Toujours plus performante, l'industrie publicitaire tente de retenir notre attention et personne n'échappe à cette saturation cognitive et affective. On constate même que l'usage constant des médias de masse chez les tout petits enfants peut conduire à des perturbations importantes de la capacité d'attention, le zapping n'exerce pas l'attention.

Il y a trois grands aspects de l'attention :

1 L'attention, la possibilité d'être présent, d'être conscient. L'attention n'est pas un réflexe, elle se forme, elle se développe.
2 Il y a ensuite la rétention, c'est ce qui est recueilli, puis retenu par la conscience et la mémoire.
3 La protention est l'attention liée au désir et à l'attente de l'avenir.

L'attention est donc le fondement de toute intelligence : être attentif et faire attention à soi, aux autres, au Tout Autre, aux événements, à tout ce qui vit, voilà un élément central permettant de vivre une vie pleinement vécue.

Choisir où on met son attention,
c'est à la vie intérieure
ce que le choix d'une action
est à la vie extérieure.
Dans les deux cas, l'être humain
est responsable de ses choix et
doit en accepter les conséquences
quelles qu'elles soient.

W. H. Auden

L'attention à la création, aux choses, aux événements

L'attention, c'est le début de l'émerveillement. C'est la prise de conscience que la vie n'est pas une compétition, une course contre la montre. Vivre vraiment, c'est savoir s'arrêter, c'est savoir donner de l'attention aux gens, aux choses, aux événements et à soi-même.

L'attention permet d'entrer en contact, de se centrer sur quelque chose ou quelqu'un. Sans attention pas d'émerveillement, pas de gratitude ! S'arrêter et devenir attentif à l'instant, à ce qui est juste là.

Ces dernières années, les livres qui traitent des concepts qu'on nomme la pleine conscience ou l'attention juste ou la méditation de la pleine conscience ont envahi les rayons des librairies et ce concept est enseigné dans des milliers de cours, de stages divers et même dans des hôpitaux universitaires et des facultés de médecine.

Longtemps enseignée et pratiquée dans le cadre des différentes écoles du bouddhisme, par des grandes figures comme le Dalaï-Lama, le maître vietnamien Thich Nhat Hanh, ou le maître bouddhiste américain Jack Kornfield, la pleine conscience a été étudiée et utilisée dans des conditions d'expérimentation scientifique par le Dr Jon Kabat-Zinn, aux États-Unis.

On reconnaît aujourd'hui à cette pratique la possibilité de diminuer le ressenti du stress, de prévenir des rechutes de dépressions, d'augmenter la qualité de la vie quelle que soit la situation.

En 1992 déjà, Thich Nhat Hanh écrivait :

> *Nous devons faire de chaque instant le plus merveilleux instant qui soit et, pour y arriver, il nous faut arrêter : arrêter de courir après l'avenir, de nous préoccuper du passé. Vous êtes libres. Vous êtes vivants. Ouvrez les yeux et appréciez autour de vous la beauté du soleil, du ciel et des enfants, la respiration consciente vous aide à devenir ce qu'il y a de meilleur en vous – calme, vivifié, solide, libre et clair, capable d'apprécier l'instant présent et d'y voir le plus beau de votre vie.*
>
> *La Plénitude de l'instant*, 1994

À partir du moment où l'on s'arrête, où l'on est pleinement présent, on peut devenir attentif, on peut donner son attention à ce à quoi on choisit de la donner.

La nature, les choses, les tout petits riens apparaissent dans toute leur beauté. On peut alors entrer dans l'émerveillement car l'attention est une des conditions de base de l'émerveillement. Pouvoir s'émerveiller, cela demande un « arrêt sur image », une attention donnée, un refus de catégoriser, juger rapidement et analyser. Être attentif, c'est entrer en contact par le regard, par l'ouïe, l'odeur, le goût, parfois le toucher, c'est faire un avec l'objet de l'attention pendant un instant.

Donner son attention, cela commence par le désir ou l'assentiment. « Je suis là, je vais vivre ce moment, j'accepte de donner mon attention à quelqu'un ou quelque chose qui est là, présent ».

Cette capacité que démontre un enfant, fasciné, qui observe une fourmi transportant un grain de sucre sur la toile cirée de la table du jardin, malheureusement nous la perdons. Nos catégories, nos classifications : utile-inutile, beau-laid, important-sans importance, fou et sage nous empêchent d'entrer en vrai contact avec ce qui est.

Être attentif, donner son attention, cela exige le désir d'être présent à ce qui est, sinon on vit un peu comme des somnambules.

La poétesse Francine Carille l'exprime magnifiquement dans ce poème :

On vit parfois sans être là
On effleure les heures en funambule
On marche dans les rencontres en somnambule
On se laisse faire et défaire
Par le ressac des jours
Et l'on se retrouve soudain
Jeté sur un rivage dont on n'a pas la clé
Par paresse ou par facilité
On aimerait que vivre aille de soi
Mais rien n'est donné sans que nous soyons là pour le désirer

Le plus-que-vivant, p. 149

Être attentif à ce qui se vit en nous et autour de nous, voilà qui enrichit la vie d'une manière incroyable :

- On peut être attentif à ses sensations, à ses émotions, à la température qu'il fait, aux sons qui nous entourent.
- On peut être attentif à ce qu'on mange, à la saveur, à la couleur aussi bien qu'au goût

des aliments. Tant de gens mangent en parlant, en regardant la télévision ou en lisant le journal ! Lorsqu'on leur demande ce qu'ils ont mangé, ils sont incapables de le dire, et bien entendu, les saveurs, textures, couleurs qu'ils ont absorbées ne font pas partie de leur souvenir. Dans de nombreuses traditions monastiques, on mange en silence, c'est un moyen d'être attentif à cette nourriture qui nous est donnée. C'est dans l'enfance, autour de la table familiale qu'on pourrait apprendre à faire silence par moments pour donner toute son attention à ce que le père ou la mère a préparé avec amour, à ce privilège qui est le nôtre d'avoir des aliments dans notre assiette alors que dans notre monde, tant de gens ont faim.

> On peut être attentif aussi aux couleurs de la nature et à la course du soleil dans le ciel. La nature, n'importe où, nous offre parfois des spectacles de toute beauté, lever ou coucher de soleil, ciels étoilés, mais rares sont celles et ceux qui donnent leur attention à ces spectacles : sortir de l'autoroute, arrêter sa voiture face au coucher du soleil et admirer, avec attention, ce spectacle grandiose, qui se le permet ? On n'a pas le temps, le programme prévu

pour la soirée nous attend. Pourtant, ce coucher de soleil est unique, celui de ce soir-là ne se reproduira plus jamais. Peut-être aussi qu'il s'agit de notre dernier coucher de soleil ? Personne n'est sûr du lendemain.

› On peut encore donner son attention à la marche, à cette possibilité magnifique de se mouvoir, en prenant conscience du contact entre la terre et les pieds, en coordonnant sa respiration et sa marche.

S'arrêter, regarder profondément, être attentif à ce qui se vit, c'est vivre beaucoup plus intensément.

Un jour, sur une île grecque, un guide très érudit parlait à un groupe de touristes, dont j'étais. Il savait toute l'histoire de cette île, des civilisations qui s'étaient succédé, il donnait des dates, des noms propres, des détails sur les batailles livrées. J'avais envie de fuir toutes ces informations qui me paraissaient si inutiles. Je quittai le groupe et au bout d'un petit chemin, j'arrivai sur une plage rocailleuse, déserte. Je m'assis sur une pierre et contemplai avec attention les vaguelettes sur les rochers, les abeilles qui butinaient les fleurs, l'odeur du thym. Ce fut un instant magique. Aujourd'hui encore, des années plus tard, j'ai oublié toutes les dates des batailles livrées sur cette île, mais si je pense à cet endroit, je revois clairement la petite plage, les fleurs et je peux humer les odeurs. Être attentif à ce qui est, à ce que l'on fait, c'est vivre au cœur des choses, c'est connaître des moments de bonheur.

Le pionnier en psychologie positive, Mihaly Csíkszentmihályi, a découvert qu'une des sources du bonheur, c'est la capacité de donner toute son attention à une activité, d'y être totalement impliqué, à tel point qu'on atteint un sentiment semblable à l'extase. En fait, lorsqu'on donne son attention non divisée à une activité pour laquelle on se sent motivé, qui représente un défi que les compétences dont on dispose permettent de relever, alors il ne reste plus assez d'attention pour être préoccupé par ses problèmes, par le temps qui passe, par les soucis du futur ou les regrets du passé ; c'est comme si on était emporté par un courant que le professeur Csíkszentmihályi nomme « *Flow* ».

Tout le reste disparaît alors qu'on donne son entière attention à son activité. Ceux qui vivent cela touchent, d'après eux, ce qui ressemble le plus au bonheur.

Choisir à quoi on donne son attention

C'est peut-être là un des aspects essentiels de la vie ! On prête au Dalaï-lama la citation suivante :

> *Il y a au monde deux sortes de gens, ceux qui mettent leur attention sur la boue au fond de l'étang et ceux qui la mettent sur la fleur de lotus qui flotte sur l'eau.*

Il s'agit d'un choix personnel et permanent, où mettons-nous notre attention ?

C'est de cela, en grande partie, que dépendra la qualité de notre vie. Certains choisissent de donner leur attention à ce qui est positif, édifiant, encourageant, d'autres aux difficultés, aux impossibilités, certains mettent toute leur attention sur l'arbre qui tombe, d'autres sur la forêt qui pousse. Il s'agit toujours d'un choix !

Jean-Yves Leloup, prêtre orthodoxe et philosophe, raconte souvent dans ses conférences, l'histoire magnifique de ce vieux moine du Mont-Athos qui avait développé cette capacité de donner son attention seulement à ce qui était positif dans la réalité. Parfois, les novices du monastère se moquaient un peu de lui car ils n'avaient pas atteint son niveau de sagesse.

Un jour, ils décidèrent de tester le vieux moine. Ils découvrirent sur la colline le cadavre d'un chien en décomposition, ils le déplacèrent et l'étendirent sur le sentier qui menait à la chapelle et que le vieux moine empruntait plusieurs fois par jour. Puis, marchant derrière lui alors qu'il se rendait à l'office, ils attendaient avec impatience de voir la réaction de leur aîné.
Lorsqu'il arriva là où se trouvait la dépouille du chien, il en fit lentement le tour, s'arrêta près de la tête de l'animal et plein d'enthousiasme, il appela les novices qui le suivaient : « Venez, venez voir comme ce chien avait de belles dents ! ».

Les jeunes religieux vinrent voir les belles dents, réalisant à ce moment-là qu'ils avaient encore du chemin à faire pour avoir assez d'attention et trouver dans toute réalité, ce qui peut être beau et bon.

L'ATTENTION CONSISTE À SUSPENDRE SA PENSÉE, À LA LAISSER DISPONIBLE, VIDE ET PÉNÉTRABLE À L'OBJET AUQUEL ON EST ATTENTIF.

Simone Weil

L'attention à soi

Devenir attentif à son environnement, à la création, aux choses, aux événements, nous amène à être plus attentif à soi, à ce qu'on éprouve ici et maintenant. Cette attention juste permet d'être en contact avec les sensations du corps, avec les pensées dans notre esprit, avec tout ce que nous vivons dans l'instant, au fait que nous sommes vivants et que la vie, c'est ici et maintenant, ou comme l'écrivait un chansonnier, « la vie c'est ce qui passe pendant qu'on est occupé à faire autre chose ».

Être attentif à soi, c'est donner de l'attention à la qualité de sa vie, c'est prendre soin de soi. Cela signifie honorer ses limites, reconnaître que l'on a besoin de temps pour soi, de repos et de ressourcement, de contact avec la nature, avec la beauté sous toutes ses formes.

Être attentif à soi, c'est accepter son impuissance à changer les choses, parfois c'est renoncer à continuer une relation, c'est laisser l'autre continuer son propre chemin et donner de l'importance à ce que l'on ressent.

Être attentif à soi c'est oser vivre pleinement ce que l'on vit, se donner le droit de ressentir ses émotions, de les exprimer, d'accepter ses regrets, ses ressentiments.

Cette attention à soi se cultive, elle n'est pas naturelle. Trop longtemps, les messages donnés aux enfants et modélisés par les parents et par la société qui les entourait étaient :

> pense aux autres ;
> oublie-toi ;
> aime les autres, dévoue-toi pour eux ;
> il y a plus de bonheur à donner qu'à recevoir ;
> penser à soi est un signe d'égoïsme ;
> ne te fais pas remarquer ;
> cesse de rechercher l'attention des autres ;
> fais plaisir ;
> sois parfait.

Tous ces messages avaient pour conséquence de les emmener hors d'eux-mêmes, vers les autres, dans un flux incessant et non nourri, par la source de vie profonde. C'est ce qui explique en partie les épisodes d'épuisement, de *burnout*, si fréquents chez ceux qui font profession d'offrir leur attention aux autres et chez tous ceux qui vivent en tentant de respecter les messages reçus et en comptant sur des forces qu'ils n'arrivent pas à renouveler parce qu'ils ne peuvent pas puiser dans le calme, le silence, la paix intérieure de leur être profond.

Ce qui est intéressant, c'est qu'on accuse souvent la doctrine chrétienne d'avoir trop souligné la nécessité de prendre soin et d'aimer les autres, en s'oubliant soi-même alors que le commandement du Christ est d'aimer son prochain COMME soi-même.

Il n'y a pas de plus beau texte concernant cette perte de soi, cette non-attention à soi au profit des autres uniquement que la lettre de saint Bernard de Clairvaux (1090-1153) adressée au pape Eugène III et dont voici la teneur :

Reviens à toi-même

Comment peux-tu être vraiment présent pour les autres si tu t'es perdu toi-même ? Si tu passes toute ta vie en activités et si tu ne te crées plus d'espace pour le silence, je ne te soutiens pas !

Commence à te découvrir, pour que tu ne t'oublies pas en allant vers les autres.

À quoi cela te sert-il de gagner le monde entier si tu t'y perds ?

Comment peux-tu être pleinement humain, si tu t'es perdu ?
Toi aussi, tu es un être humain.
Pour que ta bonté soit parfaite, tu ne dois pas seulement être là pour les autres, mais tu dois avoir un cœur attentif à toi-même.
À quoi cela te sert-il de gagner le cœur des humains en t'y perdant ?

Si toutes et tous ont le droit d'avoir une part de toi, sois alors aussi un homme – une femme – qui a le droit de t'avoir.
Pourquoi serais-tu le seul qui n'ait rien de toi-même ?
Combien de temps encore offriras-tu ton attention à tous, sauf à toi-même ?

Tu te sens proche des sages et des fous et tu ne reconnais pas ce devoir d'être proche de toi-même.
Tout le monde puise dans ton cœur comme si tu étais une fontaine publique et toi, tu restes assoiffé à côté !

Laisse ton eau couler tranquillement à travers les places, mais avec tout le monde, bois aussi de l'Eau de ta Source.

N'es-tu pas étranger à tous si tu restes étranger à toi-même ?
Oui, celui qui est mal avec lui-même, avec qui peut-il être bon ?

N'oublie pas : offre-toi à toi-même !
Je ne dis pas : fais-le toujours, mais je dis : fais-le de temps à autre.
Sois comme pour tous les autres :
PRÉSENT POUR TOI AUSSI.

Au cours des années d'accompagnement de personnes traversant le deuil, j'ai été frappée par le grand nombre d'entre elles qui expliquaient comment elles n'avaient pas osé donner de l'attention à leur chagrin… à cause des autres ! Une jeune femme qui avait perdu son mari brusquement disait n'avoir jamais pleuré, ni vécu son deuil. Lorsque je lui demandais pourquoi, elle me répondit qu'elle n'avait pas eu le temps de faire attention à elle, elle devait d'abord faire attention aux enfants qui avaient perdu un papa.

Faire attention à soi, c'est se prendre en considération, c'est s'accorder ce qu'on accorde aux autres. Dans le cas de cette jeune femme, se permettre de pleurer, de dire à ses enfants qu'elle souffre aussi de l'absence de son mari, c'est leur enseigner l'importance de se donner de l'attention à soi aussi. Faire abstraction de ce qu'elle ressent, c'est leur transmettre le message :

> *Ne vous prenez pas en compte, pensez d'abord aux autres, faites comme je fais.*

Se donner de l'attention, c'est s'accepter, être un ami pour soi-même. C'est accepter son apparence, son corps, ses qualités et ses défauts, c'est s'accepter avec son parcours de vie, ses échecs et ses réussites, ses convictions et ses doutes.

Pour pouvoir donner de l'attention à autre chose qu'à soi-même, il faut consentir à s'en donner à soi, à s'aimer, à avoir de la compassion pour soi.

Jack Kornfield, psychologue et moine bouddhiste, écrivait dans son ouvrage *Après l'extase, la lessive* :

> *Un thérapeute qui avait passé quinze ans de sa vie à la pratique spirituelle se débattait encore dans des problèmes relationnels. Des sentiments de désir, de convoitise et de reproches ne cessaient d'apparaître. Je lui suggérai de passer quelques jours à orienter*

sa méditation d'amour et de bienveillance sur sa propre personne. Au début, il résista. Comme beaucoup d'entre nous, il était mal à l'aise de devoir se concentrer sur sa propre personne. Dédier à soi-même, pendant des jours et des jours, cette intention d'amour et de bienveillance était embarrassant. Mais peu à peu son cœur s'attendrit et le pardon arriva, pour lui-même et pour les autres.

p. 168

Se donner de l'attention à soi-même, c'est ce qui permet de développer son estime de soi, sa confiance en soi, c'est s'écouter, c'est écouter ce qui se vit au fond de nous, c'est écouter ses aspirations enfouies et les prendre en compte.

Se donner de l'attention à soi-même, cela suppose aussi avoir de la compassion pour soi-même. C'est-à-dire ressentir de la chaleur humaine, le désir de soulager, de comprendre, d'avoir de la bienveillance pour soi, comme on en aurait pour les autres.

Il est intéressant de constater à quel point nous sommes prêts à comprendre les autres, à accepter qu'ils puissent se tromper alors que nous ne nous accordons pas le même regard à nous-même.

Avoir de la compassion pour soi, se donner de l'attention à soi, c'est accepter et cesser de se juger, de s'évaluer, de se comparer aux autres.

On ne s'améliore pas en se critiquant et surtout en se culpabilisant continuellement, contrairement à ce que peuvent croire certains.

Se donner de l'attention à soi c'est prendre conscience de ce que l'on vit, de ce que l'on ressent, c'est accepter aussi de donner de l'attention à sa propre souffrance. Quels mots difficiles à entendre ! « Sa propre souffrance » ! Dans bon nombre d'entretiens, la personne en difficulté commence par présenter son aspect positif : « J'ai un petit problème, donc j'aimerais parler avec vous. J'aimerais mieux m'affirmer dans ma famille ! »

> Mieux vous affirmer dans quelle situation, par exemple ?
> Quand mon mari m'insulte je me sens bloquée et ne sais quoi lui répondre.
> Qu'est-ce qu'il se passe alors ?
> Je vais dans la cuisine et je fais ce qu'il y a à faire là !
> Et que faites-vous de votre souffrance ?
> Non, ce n'est pas de la souffrance, c'est juste…
> Douloureux ?

À ce moment-là, très fréquemment la personne répond un « oui » étouffé et fond en larmes.

Si souvent, on ne s'avoue pas à quel point on a mal. Faire bonne figure, serrer les dents, faire le poing dans sa poche, voilà un impératif de la tradition occidentale. Comment avoir de la compassion pour soi ? Comment donner de l'attention à sa propre souffrance lorsqu'on se refuse de s'avouer que l'on a mal ?

Aujourd'hui, la compassion pour soi-même est de plus en plus étudiée et enseignée. On en a constaté les effets positifs. Elle permet de prendre conscience de notre humanité commune : nous ne sommes pas seuls à souffrir ou avoir des difficultés, chaque être humain rencontre des obstacles dans sa vie. Il est essentiel d'être bienveillant envers soi-même, de se demander de quoi on a besoin ici et maintenant, de poser ses mains sur son cœur, d'en sentir la chaleur et de se demander quelles paroles on souhaiterait entendre de la part d'un ami capable d'amour inconditionnel, puis de se parler intérieurement comme le ferait cet ami.

Il existe de nombreuses phrases qui ont été utilisées avec succès par ceux qui ont parcouru ce chemin d'attention et de compassion donnée à soi-même comme celles que propose Kristin Neff sur son site internet :

- Que je puisse me donner la compassion dont j'ai besoin.
- Que je puisse apprendre à m'accepter comme je suis.
- Que je puisse me pardonner.
- Que je puisse être fort.
- Que je puisse être patient.

Prendre le temps de se répéter ces phrases, c'est revenir à cette présence à soi, à cette attention essentielle à soi.

Le simple fait de « faire silence, de reprendre contact avec cet océan paisible au fond qui n'est pas affecté par les vagues de la vie, c'est être attentif à soi, cela permet plus aisément d'aller vers une acceptation inconditionnelle de ce qui est, ainsi que vers un lâcher-prise ».

C'est une des conditions qui permet de donner de l'attention aux autres, parce qu'on s'en est donné à soi.

Se donner de l'attention à soi, c'est prendre conscience de ses sensations, de son corps, c'est l'écouter. Cela signifie reconnaître sa fatigue, ses besoins et de trouver comment y répondre.

Dans la première partie du XXe siècle, Fritz Perls, fondateur de l'école de psychologie nommée Gestalt, avait déjà mis en évidence l'importance de se donner de l'attention à soi et à prendre en compte ses propres besoins. Lorsque cette attention à soi est absente ou perturbée, la personne n'est pas en bonne santé psychologique et ne peut pas être attentive aux autres.

Être attentif à soi, c'est être attentif à ce que Perls a nommé le cycle du contact. Ce cycle se rencontre dans toutes les situations de la vie (relation avec soi, les autres, la nourriture, la sexualité, le travail). Chaque interruption ou évitement dans ce cycle représente un dysfonctionnement et une situation inachevée.

Lorsqu'une personne est attentive à elle-même, elle ressent l'émergence d'un besoin dans son corps, comme la sensation de faim par exemple, elle prend cette sensation en considération, va vers la cuisine, prépare quelque chose à manger, le mange avec plaisir, range la cuisine et digère, le cycle se termine par un état de bien-être qui durera jusqu'à l'apparition d'une nouvelle sensation de faim.

Mais ce n'est pas si simple lorsqu'on n'est pas attentif à soi, à ses sensations, à ses besoins, on peut ne pas ressentir ce signal de faim, ou alors on le ressent, mais on ne prend pas la peine d'y répondre. On peut aussi y répondre sans entrer vraiment en contact avec la nourriture que l'on absorbe et continuer à ressentir la faim. On peut absorber la nourriture en faisant autre chose, ou manger (et boire !) trop sans donner de l'attention à son vrai ressenti, pour faire plaisir à une personne qui nous a invités.

Ce cycle du contact lorsqu'il est en relation avec le besoin de liens et d'amour peut aussi être perturbé parce que la personne n'est pas attentive à elle-même, à ce qu'elle ressent, à ses besoins, elle n'ose pas entrer en contact, demander ce qui est essentiel pour elle, elle n'ose pas donner, ni recevoir, elle n'ose pas refuser.

Pourquoi ? Parce qu'elle n'est pas attentive à elle-même, parce que, pour elle, les autres comptent plus, parce qu'elle ne se donne pas le droit de se vivre dans toute sa plénitude.

Maria, une femme célibataire à la retraite, m'écrivait la lettre suivante :

> *Je me sens tellement seule chez moi, pas d'enfant, pas de neveu, pas d'affection. Ma mère est morte il y a cinq ans et depuis je n'arrive pas à trouver du sens à ma vie. Voyez-vous, je me suis donnée pour les autres ! Je n'ai pas fait d'apprentissage, mes parents tenaient un commerce et ils avaient besoin de moi. À 26 ans, je suis tombée amoureuse d'un homme qui, il me semble, partageait cet amour mais il venait d'Espagne et voulait y retourner après son stage en Suisse. Ce n'était pas possible pour moi de le suivre, mes parents avaient besoin de moi. Alors, je suis restée avec eux. Lorsqu'ils ont eu 70 ans, nous avons vendu le magasin, ensuite je les ai soignés, mon père a eu Alzheimer et il est mort à 78 ans. Ma mère a vécu plus longtemps. Je l'ai soignée jusqu'au bout. Je n'ai rien à me reprocher et je sais que je ne suis pas à plaindre, mais je n'arrive pas à trouver de la joie dans ma vie.*

Cette situation est un exemple du cycle de contact bloqué, de situations non terminées par manque d'attention à soi.

Maria a ressenti, à 26 ans, son besoin de contact, son besoin d'aimer et d'être aimée, mais elle a renoncé à entrer en matière car ses parents avaient « besoin d'elle », croyait-elle ! Petit à petit, elle a totalement renoncé à se donner de l'attention, et avec le temps, la vieillesse arrivant, avec la maladie, ses parents ont réellement eu besoin d'elle. Alors, elle a renoncé, définitivement, à vivre ce qu'elle souhaitait profondément, elle a fait son devoir, et « elle n'a rien à se reprocher », surtout pas de s'être donnée de l'attention !

On pourrait multiplier les exemples, tant de gens vivent sans être attentifs à eux-mêmes, à leurs besoins, à leurs désirs, coupés du contact avec eux-mêmes et de ce fait incapables d'un vrai contact avec les autres, d'une vraie attention.

L'attention : une dimension essentielle de la vie

Dans un ouvrage important pour tous ceux qui s'occupent des autres, et datant de 1998, *Soigner sans s'épuiser*, les trois auteurs postulent que tout être humain recherche, qu'il en soit conscient ou pas, la satisfaction de trois besoins : l'attention, l'affection et l'affiliation. Au long des années, nous avons pu expérimenter la justesse de cette hypothèse. Lorsqu'une équipe de travail, un groupe constitué, quel qu'il soit, rencontre des problèmes relationnels, on s'aperçoit très vite que l'un ou l'autre ou plusieurs de ces besoins ne sont pas satisfaits. L'attention est peut-être l'aspect essentiel. Les personnes interrogées se plaignaient :

> De n'être pas reconnues, de ne pas être considérées, de ne pas être « vues ».
> « Vous savez, ici, je suis un meuble, le chef entre et sort, sans même dire bonjour, sans se préoccuper de nous ! »

> « J'ai été hospitalisée deux semaines, la « hiérarchie » ne m'a pas téléphoné, aucun message ! Quand je suis revenue, on m'a dit : ah ! vous êtes là ! il y a du travail qui vous attend ! »

On pourrait écrire des pages mentionnant toutes les situations racontées concernant le manque d'attention.

Le besoin d'affection est lié au besoin d'attention. La gentillesse, la bienveillance, les gestes d'amitié, supposent que l'on réalise que l'autre est là et qu'il a des besoins.

De même avec le besoin d'affiliation, chaque être humain a besoin de se sentir inclus, de faire partie, d'être accueilli. Lorsqu'un supérieur ou des collègues de travail ne sont pas attentifs à ce que vit le collègue, ils ne se rendront pas compte qu'il serait important de l'inviter dans le groupe, de l'aider à y faire sa place.

Il y a une telle différence entre la personne attentive à la présence d'une autre et celle qui ignore ceux qui vivent autour d'elle.

L'attention et ce qui la motive

Tout dépend de ce qui anime la personne attentive. Les voleurs à la tire sont eux aussi attentifs, ils font preuve d'une grande attention pour repérer leur victime, retenir ses faits et gestes, puis planifier leurs méfaits.

L'attention positive envers l'autre, repose sur des valeurs, des bases philosophiques et/ou spirituelles claires. Elle est issue de la conviction que l'autre est important en tant qu'être humain.

Être attentif, c'est toujours faire un choix, comme l'écrivait déjà William James :

> *L'attention implique le retrait de certains objets afin de traiter plus efficacement les autres.*

On parle de « donner son attention, d'offrir son attention ».

Les gens donnent leur attention à quelque chose ou quelqu'un qui leur semble important.

L'auteur Jean-Yves Leloup écrit à propos de l'attention :

> *Que serait une attention qui ne viendrait pas d'un cœur aimant : une inquisition, un voyeurisme... un regard qui scrute et qui épie ? L'attention comme la perfection sans miséricorde, ne peut engendrer que des inquisitions ou des introspections parce qu'elle ne perçoit plus ce qui est comme relation au Vivant et au changement.*
>
> *Un art de l'attention*, p. 58

Bien entendu, on peut être attentif, parce que cela fait partie du travail qu'on accomplit. Un contrôleur aérien, un chirurgien, une infirmière en soins intensifs, par exemple, doivent être très attentifs à ce qu'ils font et à ce que vivent ceux dont ils sont responsables. Un conducteur de bus, un pilote font preuve d'une grande attention, heureusement pour nous ! On pourrait parler longuement de la manière dont ils s'y prennent pour rester dans la vigilance qui leur permet l'attention à ce qui se produit en eux et autour d'eux.

Dans ce petit ouvrage, nous nous arrêtons surtout sur l'attention bienveillante envers la création, envers soi-même, envers les autres et envers le Tout Autre. Cette attention qui voit que tout est en évolution permanente, celle qui est capable de se transformer, de changer, celle qui voit plus loin que l'évidence, celle qui ne fige rien.

L'ATTENTION EST LA FORME DE
GÉNÉROSITÉ LA PLUS RARE
ET LA PLUS PURE
PARCE QU'ELLE SE TOURNE VERS
L'AUTRE ET PERMET DE NOUS DONNER
TOTALEMENT À LUI.

Simone Weil

L’attention aux autres

Il s’agit là de la base essentielle à toute attitude, communication et action positive vis-à-vis des autres.

Sans attention, il n’y a pas de vraie présence, pas de possibilité de prendre soin de l’autre, pas de compassion réelle.

La philosophe française Simone Weil écrivait en 1940 cette phrase fondamentale :

> *Les malheureux (mais on pourrait dire les humains en général) n’ont pas besoin d’autre chose en ce monde que d’hommes capables de faire attention à eux. La capacité de faire attention à un malheureux (un autre humain) est chose très rare, très difficile ; c’est presque un miracle. Presque tous ceux qui croient avoir cette capacité ne l’ont pas. La chaleur, l’élan du cœur, la pitié n’y suffisent pas !*

L'attention est une posture exigeante. Elle prend sa source dans le désir de servir l'autre, de l'aider, de lui manifester de la bienveillance. L'attention réelle est ensuite soutenue par le désir. Lorsque quelque chose ou quelqu'un nous est indifférent, nous ne lui accordons pas beaucoup d'attention.

Dans ses « Réflexions sur le bon usage des études scolaires en vue de l'amour de Dieu », Simone Weil évoque un vieux conte esquimau sur l'origine de la lumière : « Le corbeau qui dans la nuit éternelle ne trouvait pas de nourriture, désira la lumière et la terre s'éclaira. » S'il y a vraiment désir, il y a attention à tout ce qui pourrait aider à le réaliser.

La notion d'attention a dominé la vie et la pensée de Simone Weil. Elle avait internalisé cette qualité. « Être attentive », devient un trait distinctif de sa personnalité et de sa philosophie.

Pour elle, l'attention n'est pas une tension, un effort physique, il s'agit plutôt d'une détente, d'une mise de côté des distinctions, une ouverture à ses facultés intérieures afin qu'elles puissent recevoir « la vérité ». Donner son attention, c'est s'extraire de ses préjugés, c'est être disponible, en laissant la place à l'inattendu, à ce qui n'est pas encore, c'est écouter avec intensité, espérant pénétrer la réalité telle qu'elle est et non telle qu'on la souhaiterait.

L'attention n'est pas un concept abstrait, il s'agit de la clé qui permet des relations authentiques avec les autres. On ne peut pas vraiment aider une personne si on n'est pas attentif à sa personnalité unique. Pour Weil, peu de gens ont la capacité de donner cette attention aux autres, s'ils ne la cultivent pas.

Pour cette philosophe, l'attention implique quatre éléments :

1 Se rendre disponible à la vérité, cela signifie se garder de toute idée préconçue, être réceptif à toute information offerte, qu'on l'aime ou non.
2 Offrir sa pleine attention en pratiquant l'ouverture, en désirant ardemment pénétrer la réalité.
3 Donner sa pleine attention aux personnes : l'attention représente le concept-clé des relations interpersonnelles. Il n'est pas possible d'aider qui que ce soit sans comprendre comment cette personne se voit, sans lui donner cette pleine attention.
4 Se centrer sur Dieu, donner sa pleine attention aux réalités ultimes dans la méditation silencieuse.

Pour Weil, l'attention est aussi le cœur de la prière.

Nombre d'autres philosophes et chercheurs ont souligné l'importance de l'attention. Une infirmière-chercheur islandaise, Sigridur Halldorsdottir, a pu vérifier cette importance de l'attention de la part de ceux qui ont pour mission de prendre soin des autres. Pour elle, l'absence d'attention à l'autre empêche l'empathie et la compassion, elle est destructive, « biocidique », elle augmente la vulnérabilité de l'autre et cause de la détresse.

L'absence d'attention crée une relation de personne à objet, et non plus de personne à personne. Une femme d'un certain âge décrivait sa visite chez un ophtalmologue qui ne donnait pas d'attention à ses patients :

> *Tout d'abord, il n'a pas répondu à mon « bonjour », puis, sans me regarder, il m'a dit : « Asseyez-vous là ! », il a regardé mes yeux à travers sa machine pendant un long moment, il m'a dit : « Ne fermez pas les yeux ! », puis il s'est levé, a éteint la machine, a griffonné quelque chose sur une ordonnance. Je ne savais pas que faire, il m'a tendu l'ordonnance et il est sorti de la pièce. J'étais complètement déstabilisée, je me suis levée et je suis sortie dans le couloir. La secrétaire était occupée au téléphone, alors je suis partie en me promettant de trouver un*

autre médecin. Je me demande encore s'il avait réalisé que j'étais un être humain et pas une machine.

Sigridur Halldorsdottir souligne aussi que l'attention à l'autre doit venir du cœur, surgir du désir profond d'être présent à l'autre. Certaines personnes semblent accorder de l'attention, mais elle est superficielle, elles utilisent le vocabulaire de l'attention et font parfois des gestes d'attention, mais ces gestes ne sont pas « habités ». Celui ou celle qui est « l'objet » de l'attention n'est jamais invité à devenir un sujet, il ne se sent pas être une personne à part entière pour son interlocuteur, il ne ressent aucune chaleur humaine, aucune manifestation d'intérêt.

Au contraire, l'attention totale donnée à l'autre a une qualité particulière, elle maintient la vie, elle crée la vie, elle est « biogénique », dans les termes d'Halldorsdottir. Dans l'attention totale, il y a une qualité de présence, de générosité, de respect qui restaure l'autre dans sa dignité d'être humain. Il y a un transfert d'énergie positive d'une personne à l'autre. Celui qui reçoit cette attention totale se sent rejoint au plus profond de lui.

Ces dernières années, on parle beaucoup de prendre soin de l'autre, « prendre soin » de la personne malade, de la personne en fin de vie, de la personne âgée fragilisée.

Prendre soin, cela signifie « rencontrer l'autre, cultiver une présence à soi, une conscience de ce que vit l'autre, et une présence à l'environnement ». Tout cela ne peut avoir lieu que s'il y a une attention et une vigilance soutenue, non seulement à l'autre, mais aussi à soi, à respecter son éthique, à revenir sans cesse au désir qui nous anime de donner cette qualité de présence à l'autre. Pour l'auteure Anila Trinlé, « prendre soin est avant tout une attitude d'esprit bienveillante et attentive qui accompagne et soutient le geste professionnel, la relation affective ou la démarche éducative ».

L'attention à l'autre, aux autres, c'est un engagement que l'on prend sur la base de son éthique et de son désir de vivre en cohérence avec cette éthique.

Les sources de cette éthique sont variées. Pour les chrétiens, ce peut être le commandement : « Aime ton prochain comme toi-même ! » ou la parole de l'Évangile : « Je vous le dis, en vérité, toutes les fois que vous avez fait ces choses à l'un de ces plus petits de mes frères, c'est à moi que vous les avez faites » (Matthieu **25** 40).

Pour les bouddhistes, ce peut être ce désir d'accorder de la bienveillance et de la compassion à tous les êtres vivants, pour les athées, la dignité de l'être humain peut être une raison suffisante pour lui accorder cette attention.

Être vu, être entendu, pris en compte, être l'objet de l'attention des autres, c'est une motivation fondamentale dans les activités humaines.

Du petit enfant qui crie : « Maman, regarde-moi » alors qu'il glisse sur le toboggan, au vieillard assis sur son fauteuil qui mendie le regard de ceux qui passent près de lui, c'est la même recherche, l'attention de l'autre pour exister à ses yeux, car on n'est vraiment quelqu'un que lorsqu'on a été le sujet de l'attention de quelqu'un.

Cette attention à l'autre est la mise en pratique de l'amour altruiste.

On le perçoit lorsqu'on relit la parabole du bon Samaritain dans l'Évangile de Luc **10** 29-37.

Un homme tombe au milieu des brigands de grand chemin qui le dépouillent et le laissent pour mort : un prêtre passe par là et ne lui accorde aucune attention, un Lévite fait de même, mais un Samaritain qui voyageait sur cette même route accorde son attention à la victime des brigands, il est ému de compassion, s'approche de lui, bande ses plaies, le met sur sa monture et l'amène à l'hôtellerie en payant pour son séjour. Voilà la miséricorde mise en action. Le Samaritain a fait attention à l'autre.

Son exemple nous est proposé, être attentif à l'autre, aux autres, c'est une préoccupation de tous les instants car cela doit se manifester dans les plus petites choses de la vie, plus on pratique la présence à l'instant, la pleine présence, plus on réalise combien il est exigeant et important de donner cette attention.

Elle se manifeste dans le sourire d'accueil de l'autre, dans le bonjour qu'on se donne entre voisins ou au bureau de l'administration communale.

Cette attention amène à être prévenant, attentif au bien-être de l'autre, à parler assez fort pour qu'il entende, à adapter son langage aux possibilités de compréhension de son interlocuteur, à offrir l'information lorsqu'elle pourrait être utile, à être vigilant concernant ses attitudes, ses paroles, ses actes.

L'attention complète

On sait maintenant qu'on ne peut donner sa pleine attention qu'à une chose ou une personne à la fois.

Les sollicitations si nombreuses aujourd'hui empêchent souvent de donner son attention complète. Le médecin questionne son patient et « écoute » ses réponses en pianotant sur le clavier de son ordinateur, le papa « écoute » son fils tout en suivant d'un œil les informations à la télévision, l'amie écoute en regardant souvent sa montre, le conducteur de la voiture met une partie de son attention sur la route et l'autre sur son téléphone portable ou le réglage de sa radio. C'est tellement différent lorsqu'on bénéficie de l'attention complète de quelqu'un qui pose ce qu'il tenait dans les mains, ferme la porte, s'assied en face de nous en disant : « Je vous écoute, j'ai tout le temps qu'il faudra. »

L'attention complète à l'autre toutes les fois que c'est possible, cela change sa vie. Il devient

« quelqu'un ». Il est sorti de son anonymat, de sa solitude. « Tu as vu, il m'a reconnu, il m'a salué ! », « Elle est venue vers moi, elle m'a serré la main », « Ils m'ont téléphoné plusieurs fois après la mort de mon mari, cela m'a tellement aidé ! », « Elle a oublié mon anniversaire, c'est la première fois. »

L'attention complète à ce qui est en dehors de soi exige une grande discipline et beaucoup de pratique : voir ce dont l'autre a besoin, l'aider dans le moment présent, le prendre en considération, voilà qui ne va pas de soi.

Il y a quelques semaines, un spécialiste dans le domaine de la gérontologie accompagnait une bénévole de près de 80 ans vers une salle de conférences. Il montait la rue en pente, au pas de gymnastique en énumérant ce qu'il organisait pour les personnes âgées de son association, mais l'idée ne lui était pas venue d'accorder son pas à celui de la vieille dame, ni de lui offrir de porter son sac. C'est au moment où, toute rouge, la dame lui dit : « Arrêtons-nous, je n'en peux plus ! » qu'il réalisa que peut-être il marchait trop vite.

Il y a heureusement des exemples inverses :

> *Choedon, une jeune Tibétaine qui a passé 10 ans dans un monastère et connu les*

persécutions chinoises, a développé une capacité d'attention à l'autre absolument extraordinaire. Elle vit dans le moment présent et dans sa vigilance tranquille, elle perçoit les besoins de l'autre, les obstacles potentiels sur son chemin, les modifications de l'état émotionnel des gens qui l'entourent et sait trouver les attitudes, paroles et gestes appropriés. Elle semble avoir totalement intégré cette capacité d'attention, si bien que cela lui est devenu naturel.

Être pleinement attentif, cela s'apprend, différents chemins s'offrent à celui ou celle qui cherche à vivre cette attention à soi, au monde, aux autres et à Dieu.

Tout commence, comme nous l'avons vu, avec le développement d'une éthique, puis le désir de vivre cette éthique et enfin la possibilité de trouver des pistes pour développer cette qualité d'attention qui permettra la présence à l'instant.

L'attention est la substance de l'amour de Dieu, c'est ce qui nous permet de l'aimer de tout notre cœur, de toute notre âme et de toute notre intelligence.

Simone Weil

L'attention à la dimension de la transcendance

« L'attention à soi-même conduit à la connaissance de Dieu », disait un ermite.

Pour entrer en relation l'attention est indispensable. Il s'agit de choisir, puis de désirer entrer dans cette relation. Comme nous l'avons vu, c'est indispensable pour entrer en relation avec le monde qui nous entoure, avec soi-même, avec les autres et avec Dieu ou ce qui nous en tient lieu, cette dimension de la transcendance recherchée par tant d'êtres humains. Pour certains il s'agit de trouver cette dimension de l'Être, du divin dans la vie quotidienne, pour d'autres, il s'agit de cultiver la paix, la compassion, la conscience de l'instant.

Pour de nombreux chercheurs spirituels, cette quête d'une autre dimension les amène à donner leur vie entière, à « tout donner » pour méditer, pour prier, pour donner leur attention entière à ce Tout Autre.

Dans les Évangiles, lorsque le Christ indique à la femme samaritaine comment prier, c'est dans le souffle (l'esprit) et dans l'attention, la vigilance.

Depuis des siècles, les moines et les moniales de tous les couvents du monde respectent un rythme immuable d'offices liturgiques plusieurs fois par jour et parfois la nuit. C'est une manière de revenir à soi, pour revenir à la relation à Dieu. Chaque fois que la cloche sonne, ces religieux sont appelés à remettre leur pleine attention sur le Tout Autre.

Les moines et les nonnes des monastères tibétains accrochés aux pentes des montagnes prient longuement deux fois par jour et à chaque repas.

Les musulmans ont également instauré des heures fixes de prière. Dans chacune de ces traditions, on a instauré des rythmes pour faciliter le maintien de l'attention indispensable pour vivre cette relation avec le divin.

Les temps de retraite spirituelle, de jeûne, les pèlerinages, les sacrements, toutes ces manifestations conduisent à renforcer cette attention nécessaire à la vie spirituelle. Si l'attention est la substance de l'amour de Dieu, comme l'écrit Simone Weil, alors, par tous les moyens, il s'agit de maintenir et d'augmenter cette capacité d'attention, en d'autres termes, de nourrir cette vigilance, de se réapproprier certains rites, comme la prière matin et soir ou avant les repas, de réapprendre l'assise silencieuse chaque fois qu'on le peut, de retrouver la pratique de la prière qui s'insère dans le souffle, dans la respiration, comme par exemple dire : « Seigneur Jésus » lors de l'inspiration et « Envoie-moi ton Esprit » lors de l'expiration. Cette courte prière peut se faire en tout temps : dans la minute que dure l'arrêt au feu rouge, dans la file d'attente au bureau de poste, alors qu'on cherche le sommeil.

Être attentif, en relation avec cet innommable que recherche la majorité des humains, c'est connaître la paix, la sérénité, c'est trouver la source de la compassion.

L'attention aux signes

L'attention aux signes qui proviennent de l'univers, du monde invisible, de Dieu ou ce qui nous en tient lieu, est un aspect important de la vie. Certaines personnes perçoivent ces signes, elles sont attentives et vigilantes, d'autres se laissent emporter par le courant de la vie et n'accordent pas d'attention à tout cela.

Pourtant, lorsqu'en 1994, *L'Alchimiste* de Paolo Coelho est devenu le livre le plus vendu de la fin du XXe siècle (9 millions d'exemplaires dans le monde), d'innombrables lecteurs ont découvert que leur vie avait un sens, un but, une mission, une légende personnelle à découvrir.

Lorsque nous découvrons cette légende, l'univers, Dieu, le monde invisible, tout concourt à nous apporter de l'aide à travers des signes qui nous sont donnés si nous sommes attentifs, si nous posons un autre regard sur la réalité.

Depuis le fond des âges, de nombreux humains sont attentifs à décoder ses signes.

Chez les chrétiens, beaucoup prient pour obtenir ces signes en récitant, par exemple, la prière suivante, présentée par portsnicolas.org :

Esprit Saint,
Toi qui ouvres les yeux de notre cœur
Pour discerner en toute chose sa dimension intérieure,
Aide-nous à « voir » la Réalité spirituelle cachée
Dans les paroles et signes
Que Jésus de Nazareth a multipliés
Sur les routes de Palestine.

Esprit Saint,
Toi, la source de discernement,
Donne-nous le regard de la foi
Pour apprendre à « voir » à travers les événements
personnels et collectifs, petits et grands,
les « signes » qu'accomplit Jésus-Christ
Pour nous, aujourd'hui.

Voir les signes, les reconnaître, les interpréter pour aller de l'avant, voilà qui exige de l'attention.

Il y a les signes que tant de personnes endeuillées disent recevoir de ceux qui sont décédés, comme cette veuve qui recevait des roses blanches de son mari à chaque anniversaire. Un an après la mort de son mari, le jour de son anniversaire, le premier sans lui, elle doit chercher quelque chose derrière son garage, et là, face à elle une rose blanche épanouie, en plein mois de janvier, sur un petit rosier dont elle ignorait l'existence.

Cette expérience la rendit toujours plus ouverte et attentive et souvent elle « reçoit » des signes qui la réconfortent : chanson qu'il préférait qui passe à la radio juste au moment où elle est triste, personne rencontrée qui lui parle de son mari défunt et lui raconte un épisode de la vie de son époux qu'elle ne connaissait pas.

Il y a tant de signes perçus :

- Les synchronicités, coïncidences qui apportent du réconfort.
- Des odeurs comme le parfum qu'utilisait le défunt qui flottent tout à coup dans l'appartement.
- Le comportement inhabituel d'oiseaux ou d'animaux qui apparaissent de manière inattendue ou à des moments où ils n'ont jamais été vus auparavant et associés de

> différentes manières à l'être aimé. Un endeuillé à la retraite dont l'épouse était décédée racontait l'histoire suivante : durant les beaux jours d'été, à 11 h 30, il avait l'habitude de prendre l'apéritif avec sa femme dans le jardin. Quelques jours après l'enterrement, il voulut reprendre cette habitude, mais se sentit très seul. Au bout de quelques minutes, un chat tricolore, qu'il n'avait jamais vu, vint s'installer en ronronnant sur la chaise où s'asseyait son épouse. Il vint régulièrement de 11 h 30 à 12 h 30 tous les jours pendant un mois. Puis il disparut, comme il était venu. Il y a aussi les signes symboliques : arcs-en-ciel aperçus à des moments inhabituels, papillons qui apparaissent de manière répétée et restent avec l'endeuillé.

En ce qui concerne les endeuillés, ils sont trop souvent découragés dans leur lecture des signes par des professionnels qui veulent tout expliquer. Pourtant tous ces signes sont des dons que seule la personne concernée peut décoder et qui font partie de cette nouvelle relation qui s'instaure entre deux êtres qui s'aiment et que la mort a temporairement séparés sur le plan physique.

Il y a tant de signes qui peuvent être lus lorsqu'on est attentif. Le monde devient plus vivant, plus intéressant.

Les grands poètes ont aussi cette attention aux signes. L'un d'entre eux, Christian Bobin, écrit :

> *« Le monde ne devient réel que pour qui le regarde avec l'attention qui sert à extraire d'un poème le soleil qu'il contient. »*
>
> *« Quand je sens les cristaux de l'air glacé heurter mes joues, je sais immédiatement que j'existe et que Dieu existe en moi. »*
>
> *« La fenêtre du bureau donne sur une petite école : des graminées qui écoutent les leçons du soleil et écrivent quelques petites phrases sous la dictée du vent. »*
>
> Christian Bobin, *Les Ruines du ciel*

Lire des poèmes, écouter en profondeur ceux qui ont traversé la souffrance, voilà deux moyens de développer son attention aux signes, à tous ces signes qui existent dans nos vies et qui attendent notre attention pour se manifester.

Rencontrer quelqu'un, le rencontrer vraiment – et non simplement bavarder comme si personne ne devait mourir un jour – est une chose infiniment rare. La substance inaltérable de l'amour est l'intelligence partagée de la vie.

Christian Bobin, *La Dame blanche*

L'attention, ça s'apprend

Apprendre l'attention à soi

Tant de croyances et de programmations nous amènent à nous occuper de tout sauf de nous. Nous vivons très souvent nos journées en pilotage automatique. Nous voyons sans voir, entendons sans écouter, en fait nous vivons sans « expérimenter » la vie qui est la nôtre parce que notre esprit est ailleurs. C'est là que la pratique de l'attention consciente, de la pleine conscience peut être tellement utile.

Dans un ouvrage de 1990 (*Full Catastrophe Living*), Jon Kabat-Zinn décrit sept qualités qui sont fondamentales à la pratique de la méditation de pleine conscience :

1 Le non-jugement, il s'agit d'observer sans catégoriser ou qualifier
2 La patience
3 L'ouverture à l'expérience
4 La confiance

5 La bienveillance envers soi-même
6 L'acceptation de ce qui est
7 Le lâcher-prise des émotions et pensées

Cela fait près de trente ans que l'attention à soi à travers la pleine conscience fait l'objet de recherches scientifiques tout en ayant été sortie de son contexte religieux.

Nous savons maintenant que les pratiques de pleine conscience participent à modifier les neurones, car le cerveau a une grande plasticité. La méditation de pleine conscience développe les zones du cerveau qui sont en relation avec la possibilité de **donner de l'attention**, de s'adapter à des changements inattendus, de mieux percevoir l'environnement et les sensations de son corps.

La méditation de pleine conscience diminue l'activité de l'amygdale, zone du cerveau associé à la peur et à la perception du stress, elle diminue les ruminations. Elle influence aussi le corps physique, en permettant de « voir » plus la réalité, elle modifie l'équilibre émotionnel et influence le système immunitaire, favorisant ainsi la guérison des infections, entre autres.

Cultiver la présence à l'instant, l'attention à l'instant, cela exige un engagement, une pratique régulière. Il s'agit d'ancrer l'esprit, de ramener sa conscience vers un point neutre, vers quelque chose qui est toujours avec nous. Aux sources de la pleine conscience, depuis des siècles, les sages de diverses traditions ont choisi la respiration. Du premier cri au dernier soupir, nous respirons et cette action se fait sans effort, inconsciemment, sauf si l'on souffre d'une pathologie à ce niveau.

Ainsi, nous n'avons pas à nous **faire** respirer, seulement à devenir conscient de cette respiration.

Cette respiration consciente a été enseignée magnifiquement par le sage vietnamien Thich Nhat Hanh, bien avant les travaux de Jon Kabat-Zinn et d'une manière extrêmement simple. Pour lui, il s'agit de s'arrêter, de ramener notre esprit à notre corps et de devenir attentif au moment présent.

En faisant cesser l'activité de notre corps et de notre esprit en s'asseyant en silence, il devient possible de porter un regard plus profond sur ce qui se passe en nous et autour de nous.

S'arrêter, voilà la première condition de la méditation. Puis, il s'agit de devenir conscient de sa respiration ; pour entrer dans cette conscience, on peut se répéter sur l'inspiration : « J'inspire, je suis calme », et sur l'expiration : « J'expire, je suis bien. » Ou encore, en inspirant : « Je suis conscient des tensions dans mon corps » et en expirant : « Je relâche toutes les tensions de mon corps. »

Petit à petit, on devient attentif à soi et à l'instant présent.

On peut savoir et pratiquer tout cela et dans les moments difficiles, oublier ces moyens si utiles. On peut alors utiliser ce simple mot : STOP

> il s'agit de s'arrêter un instant ;
> de prendre une respiration en étant conscient de l'air qui entre dans notre corps et ensuite qui est expiré ;
> d'observer ses pensées et ses ressentis, sans les juger et sans s'y arrêter ;
> puis de continuer ce qu'on était en train de faire.

Ce simple exercice permet d'être plus centré et plus enraciné.

L'attention à soi implique l'attention à son corps, ce qui est nouveau pour de nombreuses personnes.

La méditation de la pleine conscience propose une prise de contact avec son corps. Il s'agit de rester attentif alors qu'on amène, instant après instant, la conscience de chacune des parties du corps.

On commence par devenir conscient du corps tout entier, puis du pied gauche, jambe gauche, pelvis, pied droit, abdomen, dos, poitrine, épaule, bras, doigts, cou, visage, tête, etc.

On trouve de nombreux CD, souvent vendus avec des livres sur la pleine conscience, qui guident l'auditeur dans sa pratique.

Il est intéressant de se demander :

> En ce moment, qu'est-ce que je ressens, quelles sensations physiques ?
> Quelles émotions est-ce que je ressens ?
> Ai-je la tentation de rejeter certaines sensations et d'en accepter d'autres ?
> Qu'est-ce que j'apprends en pratiquant cet exercice ?

L'attention à soi, c'est aussi une attention à ses pensées, à celles qui sont encourageantes et à celles qui apportent les soucis, les peurs, la préoccupation avec les attentes ou opinions des autres.

Se délivrer des pensées perturbatrices et des émotions non désirées, cela peut se faire en apprenant à les observer, en évitant de s'identifier à elles, ainsi elles cessent d'avoir du pouvoir sur nous.

Ces dernières années, de nombreux chercheurs ont tenté d'expliciter cette possibilité d'entrer dans l'attention consciente de soi et des autres en la rendant accessible à toute personne intéressée : Martin Boroson, par exemple, propose sur internet « One moment meditation » ; il démontre qu'il est possible en une minute de se recentrer par la respiration consciente et de diminuer ainsi le stress, l'anxiété et la colère.

Paul McKenna propose une variation de méditation en une minute :

> tout d'abord, s'installer, s'asseoir, ou même être debout immobile, ou se mettre en position tailleur.

> Inspirer profondément, en contractant tous ses muscles de la tête aux orteils.

> Maintenir l'air dans les poumons et la contraction pour 5 secondes.

> En commençant par la tête et en descendant jusqu'aux pieds, se détendre tout en expirant.

> Terminer en respirant tranquillement, en disant : « Ahhhh ! » et en souriant.

Un autre chercheur, Bérénice Rocfort-Giovanni, propose de revenir à soi en trois minutes :

> durant la première minute, s'installer dans un endroit calme et se demander comment on se sent là tout de suite ;
> durant la deuxième minute, il s'agit de se focaliser uniquement sur sa respiration, de se raccrocher à l'instant présent ;
> durant la troisième minute, on élargit son champ de conscience à tout son corps en observant les sensations corporelles que la contrariété peut causer, en s'abandonnant à ces sensations et en lâchant prise.

Le smartphone peut être très utile pour se programmer ces trois minutes.

L'approche de la méditation de pleine conscience permet de devenir attentif à soi-même, à son corps, ses pensées, ses émotions. Cependant, comme le souligne Jack Kornfield, elle peut aussi devenir une manière d'éviter ses propres difficultés en se réfugiant dans le calme et la paix qu'elle procure. C'est ce qui explique que de « grands méditants » continuent à avoir des problèmes relationnels avec les autres car l'être humain est un mandala qui inclut le corps, les émotions, les états mentaux et la structure des pensées, ainsi que les relations entre ces différents aspects.

Développer l'attention vis-à-vis de soi-même, c'est aussi se préoccuper de la dimension de compassion pour soi-même et pour les autres, de l'amour altruiste et de la dimension spirituelle.

C'est se considérer avec bienveillance, faire preuve de douceur et de compréhension envers soi au lieu de se critiquer et de se blâmer, c'est aussi reconnaître son humanité, en partage avec tous les autres humains, se sentir en lien avec eux plutôt qu'isolé et emprisonné dans ses propres difficultés.

Adopter cette attitude de bienveillance envers soi-même, c'est surtout arrêter de se juger constamment et de se déprécier. C'est comprendre ses échecs et ses difficultés et apprendre à se réconforter comme le ferait pour nous un ami proche.

Se donner de l'attention à soi-même, c'est modifier son discours intérieur, c'est s'accepter pleinement tel qu'on est.

Kristin Neff, chercheur et auteure à propos de la compassion et de l'attention envers soi-même, propose l'exercice suivant pour développer cette attention à soi (S'*aimer*, p. 61) :

Se prendre dans ses bras

Une façon simple de se réconforter dans les moments difficiles consiste à se prendre dans ses bras. Cela peut paraître un peu idiot à première vue, mais le corps s'en moque. Il se contente de répondre à un contact physique chaleureux et attentionné, comme un nourrisson dans les bras de sa mère. La peau est un organe d'une sensibilité extrême. Des études ont prouvé que le contact physique provoque la libération d'ocytocine, entraîne une sensation de sécurité, apaise les émotions pénibles et calme le stress cardiovasculaire. Alors, pourquoi ne pas essayer ?

Lorsque vous vous sentez tendu, énervé, triste ou prêt à vous critiquer, enlacez-vous tendrement en vous caressant les bras ou le visage, ou en vous berçant doucement de gauche à droite. L'important, c'est que votre geste exprime des sentiments d'amour, d'attention et de tendresse. Si vous n'êtes pas seul, contentez-vous de refermer les bras sur vous avec naturel et de les presser discrètement. Ou encore, réconfortez-vous en imaginant *que vous vous enlacez.*

> *Quelles sensations éprouvez-vous ? Votre corps est-il plus détendu, plus calme ? Jouer sur la libération de l'ocytocine pour modifier la biochimie de son organisme est d'une facilité déconcertante.*

Kristin Neff propose encore de devenir conscient de son dialogue intérieur, de repérer la manière dont on se critique et de mettre tout en œuvre pour diminuer cette voix critique en nous et petit à petit de la remplacer par une voix positive et aimante.

Faire attention à soi, c'est toucher son propre cœur et comme l'écrit Pema Chödrön :

> *Quand on commence à toucher son cœur ou à le laisser être touché, on commence à découvrir qu'il n'a pas de fond, qu'il n'a aucune résolution, que ce cœur est immense, vaste et sans limites. On se met à découvrir combien de chaleur et de douceur s'y trouvent et combien d'espace aussi.*
>
> *La Voie commence là où vous êtes*

Apprendre l'attention à l'environnement, à la nature, à la beauté

La méditation de la pleine conscience, comme beaucoup d'autres sortes de méditation, permet de développer l'aptitude à vivre dans le présent, à être attentif à ce qui est. Il s'agit d'une des conditions nécessaire à la capacité de s'émerveiller.

D'autres routes existent pour devenir attentifs à la beauté, à la nature, à tout ce que l'environnement recèle de beau :

> Écouter de la musique harmonieuse en se laissant simplement bercer par les sons, sans chercher à savoir qui est le chef d'orchestre ou les solistes, juste écouter, se laisser « traverser » par la musique.
> S'asseoir et contempler un coucher de soleil, rester là, sans autre préoccupation que de

contempler, sans penser à l'heure qu'il est, juste être là.
> Marcher dans une forêt après la pluie et sentir la fraîcheur de l'air, l'odeur des feuilles et du bois mouillé, en donnant toute son attention à ces odeurs.

« Être présent à ce qui est, s'émerveiller, c'est le premier pas vers le respect », écrivait Nicolas Hulot.

Des recherches scientifiques récentes démontrent que l'émerveillement rend plus attentif aux autres et généreux envers eux. Contempler le Grand Canyon, la chapelle Sixtine ou un ciel étoilé, cela éveille en nous un sentiment d'admiration, de respect et d'émerveillement qui nous amène à réaliser à quel point nous ne représentons qu'une infime partie de ce grand univers et cela nous conduit à manifester plus de générosité et de bienveillance envers les autres humains.

Dans l'une de ces recherches, les participants devaient indiquer la fréquence avec laquelle ils ressentaient cette respectueuse admiration, cet émerveillement dans leur vie.

Ceux qui ressentaient fréquemment ce sentiment, puis accomplissaient un test mesurant le comportement généreux, étaient aussi ceux qui manifestaient la plus grande générosité et attention aux autres.

Dans une deuxième étude, on proposait aux participants de visualiser une scène où ils avaient ressenti ce sentiment d'admiration, respect, émerveillement que les anglophones nomment «*awe*».

Après cela, on demandait aux participants de prendre une décision éthique à propos d'une tâche à accomplir. Là encore, ceux qui éprouvaient ce sentiment d'émerveillement manifestaient une conduite plus éthique et ils avaient envie de partager leurs expériences avec les autres.

Ces études soulignent à nouveau l'importance de la beauté et de développer l'attention à cette beauté.

Peut-être qu'un des remèdes à la violence et aux déprédations dans les cités-dortoirs serait de les rendre plus belles, de donner de l'importance au cadre de vie. C'est une expérience très connue: lorsqu'on dispose un bouquet de roses sur un bureau en grand désordre, la majorité des gens se sentent obligés intérieurement de ranger le bureau, comme si la beauté et l'harmonie appelaient la beauté et l'harmonie.

Lorsque nous reconnaissons les vertus, le talent, la beauté de notre Mère la Terre, quelque chose naît en nous, une sorte de connexion profonde – l'amour est né.

Thich Nhat Hanh

À CELUI QUI VEUT VIVRE ATTENTIVEMENT, IL SERA DONNÉ EN PLUS DE SES MILLE ET UNE RAISONS DE RIRE, DE SES MILLE ET UNE RAISONS DE PLEURER, L'ÉMOTION PURE ET PERMANENTE D'EXISTER.

Jean-Yves Leloup, *Un art de l'attention*

Apprendre l'attention aux autres

Elle repose, comme nous l'avons vu, sur un engagement que l'on prend sur la base d'une éthique et du désir de vivre en cohérence avec cette éthique.

Un prêtre et pédagogue du XVIIe siècle, Jean-Baptiste de la Salle, voyait l'attention à l'autre manifestée par la politesse comme un exercice spirituel. Pour lui, être attentif à son prochain, c'est tout d'abord être poli, ne pas se laisser aller à ses aises et à ses inclinations au détriment des autres, mais au contraire, être attentif au bien du prochain.

Ces règles que l'on donne encore aux enfants dans les écoles « salésiennes », forment une barrière qui empêche de mépriser l'autre, de le blesser, en laissant libre cours à son humeur du moment.

La politesse, qui conduit à l'attention à l'autre, est un acte d'amour. Elle suppose aussi la maîtrise de sa parole, la capacité de ne pas interrompre l'autre et de l'écouter avec empathie. Pour le Père de la Salle, le savoir-vivre est un savoir aimer.

Au moment où l'inattention à l'autre et les incivilités fleurissent partout, la vision de ce grand éducateur peut nous être bien utile.

L'attention à l'autre est une discipline personnelle, il s'agit de lui donner toute son importance et il en a autant que moi quelle que soit sa situation, son origine, son parcours de vie.

Être attentif à l'autre, cela peut s'apprendre en pratiquant l'empathie basée sur l'imagination. Lorsqu'on rencontre une personne handicapée, par exemple, on peut tenter d'imaginer ce qu'on ressentirait à sa place et de quoi on aurait le plus besoin : une écoute, un regard, un geste concret, puis de vérifier avec la personne ce dont elle a vraiment besoin, si elle peut répondre.

On ne peut pas, bien sûr, « se mettre à la place de l'autre », on ne sait pas pour lui. Par contre, cela permet d'entrer en relation avec cet autre, de devenir attentif à ce qu'il vit.

L'attention à l'autre est une des notions centrales du bouddhisme.

Une jeune femme qui a passé dix ans dans un monastère tibétain depuis l'âge de 11 ans, expliquait cet enseignement :

> *Dès le moment du lever, la préoccupation centrale est le souci de l'autre, l'attention à l'autre : comment lui manifester de l'amour altruiste ou de la compassion s'il souffre, en lui offrant à boire, en l'aidant sur les chemins escarpés, en l'aidant à se chausser ou se déchausser, en priant pour lui, en lui offrant un très grand respect par l'écoute et l'attitude à son égard, qu'il soit connu ou inconnu.*

La jeune moniale cultive cette préoccupation de l'attention à l'autre, toute la journée. Pour mieux y arriver, elle pratique « la méditation des points communs », qui permet de donner toute son attention bienveillante à l'autre, même lorsqu'il est très différent.

Il s'agit de se répéter, en regardant ou en pensant à une personne :

> *Comme moi, cette personne recherche le bonheur.*
> *Comme moi, elle veut éviter la souffrance.*
> *Comme moi, elle a connu la tristesse, la solitude et le désespoir.*

> *Comme moi, elle cherche à combler ses besoins et à apprendre de la vie.*

Apprendre à être toujours plus attentif aux autres, c'est « travailler » à être toujours plus attentif à soi. C'est reconnaître et savoir prendre soin de ses émotions perturbatrices et démasquer les tyrannies de notre ego pour pouvoir utiliser plus pleinement notre énergie.

C'est aussi apprendre à accepter ce qui est. Parfois, il est bien difficile d'être attentif aux autres. On se sent pris dans ses propres peurs, son propre malheur et on se demande comment sortir de soi pour donner son attention aux autres. C'est là qu'il pourrait être utile de faire un exercice de visualisation proposé par cette approche magnifique qu'est la psychosynthèse que voici :

> Installez-vous confortablement, puis devenez conscient de votre respiration (« J'inspire je sens le calme, j'expire je suis en paix. »), puis écoutez cette méditation que vous aurez préalablement enregistrée sur votre smartphone, ou que vous aurez demandé à quelqu'un de vous lire lentement :

Le phare

Imaginez que vous vous trouvez sur un petit bateau en haute mer, la nuit. Il y a une tempête et la pluie tombe sur le pont.
Sur le bateau tout danse effroyablement. Vous pouvez sentir le vent froid et la pluie qui vous frappent le visage, et vous percevez aussi en imagination la fatigue des muscles et la difficulté à tenir la barre. Vous vous sentez perdu et à la merci des flots. Puis, à distance, vous pouvez voir un point de lumière qui vient d'un phare. Cette lumière devient pour vous un point de repère que vous accueillez avec confiance et soulagement.
Maintenant vous savez dans quelle direction aller. Vous vous concentrez sur le phare et vous en visualisez la lumière qui irradie dans toutes les directions pour aider ceux qui ont perdu leur orientation et pour guider tous ceux qui en ont besoin.
La tempête continue à sévir, le vent hurle, la pluie tombe, la nuit est très profonde. Mais le phare est solide et lumineux.
Vous vous concentrez maintenant sur le phare. Vous en percevez la stabilité et la lumière. Vous voyez des vagues toujours plus puissantes s'abattre de façon menaçante sur le rocher où se trouve le phare, et sur le phare

> *lui-même, qui pourtant résiste, immobile et lumineux dans la nuit. En continuant à le visualiser, vous assimilez la solidité et la force que représente le phare, vous sentez en vous un point de repère indestructible.*
>
> Piero Ferrucci, *La Psychosynthèse*, p. 103

Puis après avoir intégré cette force en vous, vous revenez lentement dans le présent, prêt à vous ouvrir à nouveau à la présence des autres tels qu'ils sont.

Développer l'attention aux autres, c'est développer l'amour altruiste, cet amour qui n'est pas basé sur une réciprocité, mais sur la conviction de notre interdépendance entre humains et de la dignité de chaque être humain.

Pour augmenter ce sentiment en nous afin d'avoir toujours plus d'attention pour les autres, Matthieu Ricard propose l'exercice de méditation suivant :

> *Imaginons un jeune enfant qui s'approche de nous et nous regarde joyeux, confiant et plein d'innocence. Nous lui caressons la tête en le contemplant avec tendresse et le prenons dans nos bras, tandis que nous ressentons un amour et une bienveillance inconditionnels. Laissons-nous imprégner*

entièrement par cet amour qui ne veut rien d'autre que le bien de cet enfant. Demeurons quelques instants dans la pleine conscience de cet amour, sans autre forme de pensée. Nous pouvons aussi choisir n'importe quelle autre personne envers qui nous éprouvons une grande tendresse et une profonde reconnaissance, notre mère par exemple. Souhaitons de tout cœur qu'elle trouve le bonheur et les causes du bonheur, puis étendons cette pensée à tous ceux qui nous sont proches, puis à ceux que nous connaissons moins, puis progressivement à tous les êtres. Enfin, souhaitons-le à nos ennemis personnels et aux ennemis de toute l'humanité. Dans ce dernier cas, cela ne signifie évidemment pas que nous leur souhaitons le succès dans leurs projets funestes. Nous formons simplement le vœu ardent qu'ils abandonnent leur haine, leur avidité, leur cruauté ou leur indifférence et que la bienveillance et le souci du bonheur d'autrui voient le jour dans leur esprit. Plus la maladie est grave, plus le malade a besoin de soins, d'attention et de bienveillance. Embrassons ainsi la totalité des êtres dans un sentiment d'amour illimité. »

Matthieu Ricard, *L'Art de la méditation*, p. 83-84

Être attentif aux autres, c'est un chemin dont on dévie parfois. Il se peut que l'on se sente blessé par eux ou qu'ils ne nous rendent pas en retour l'attention qu'on leur porte. Etty Hillesum, cette jeune femme juive, morte en camp de concentration, écrivait :

> *Je ne cesse de faire cette expérience intérieure : il n'existe aucun lien de causalité entre le comportement des gens et l'amour qu'on éprouve pour eux. L'amour du prochain est comme une prière élémentaire qui vous aide à vivre.*

On peut toujours développer l'attention à l'autre, c'est quelques fois particulièrement difficile d'accorder son attention à l'autre lorsqu'on a souffert, qu'on a connu l'injustice, l'oppression, le deuil. Il existe le danger de se refermer sur soi, de ne plus offrir son attention aux autres, réservant son énergie au ressentiment et à l'amertume.

Gregg Bradden, expert du rapprochement entre sagesses anciennes et sciences modernes, propose une autre voie qui est celle de la bénédiction qui peut modifier totalement la qualité de vie. Il s'agit de changer sa qualité de pensée, de sentiment, d'émotion, pour redéfinir notre perception de quelque chose qui nous blesse en ce moment ou nous a blessés dans le passé.

La bénédiction fonctionne comme de l'huile dans les rouages des émotions douloureuses, elle permet l'ouverture à autre chose plutôt que de rester prisonnier de ses perceptions et de ses interprétations.

Quelque chose au fond de nous résiste fortement à cette proposition, car elle est tellement contraire à notre programmation. Pourtant, quand il devient possible de bénir les gens ou les éléments qui nous blessent, il se produit une sorte de conversion intérieure. Dès l'instant où quelqu'un qui a souffert dans son histoire de vie peut dire : « Je bénis cette ou ces personnes », il s'élève au-dessus des notions du bien et du mal, il accepte que « cela » ait eu lieu et il entre dans une extraordinaire zone de liberté intérieure.

> ***L'attention, à son plus haut degré, est la même chose que la prière. Elle suppose la foi et l'amour.***
>
> Simone Weil, *La Pesanteur et la Grâce*, p. 134

L'une des caractéristiques de la bénédiction, c'est que, lorsqu'on a pu la pratiquer, on ne retourne pas en arrière. C'est parfois un long combat, il faut parfois des mois ou des années pour arriver à sortir des vieux schémas, des argumentations mentales, des raisonnements « rationnels » et pour accepter de pratiquer la bénédiction. Mais le résultat en vaut largement la peine !

L'attention bienveillante pour l'autre redevient possible.

Être pleinement attentif aux autres, c'est un projet pour toute une vie, un « ouvrage » à remettre sur le métier sans cesse, mais c'est aussi la possibilité de connaître une plénitude de vie extraordinaire.

L'attention à la dimension spirituelle

Souvent, notre vie est si remplie, si éclatée. Nous sommes distraits par tant de sollicitations, d'occupations, de demandes qu'il est parfois bien difficile de donner de l'attention à celui que beaucoup nomment Dieu ou à d'autres sources de transcendance.

Pourtant, c'est en consentant à donner une vraie place au silence, à l'accueil de cette quête du transcendant en nous que cette Présence peut se révéler.

C'est par un temps mis à part pour « prêter attention » que l'on peut se recentrer sur la présence de Dieu ou de ce qui nous en tient lieu.

Cette attention est liée à un désir de le rencontrer en soi.

Depuis des siècles, ceux qui ont décidé de vivre dans la proximité de Dieu, dans les monastères et les couvents de différentes religions, ont choisi de rythmer leurs journées en deux « activités », *ora et labora*, prier et travailler.

Dans la vie courante aussi, nous pouvons intégrer des temps de silence et d'attention à la dimension spirituelle.

Il y a les temps de prière individuelle, les offices religieux auxquels on peut participer, les moments de méditation, de contemplation, ou simplement de silence dans la nature, tous ces moments d'ouverture et d'attention à intégrer dans nos vies.

Pour les croyants appartenant aux « religions du Livre », juifs, chrétiens, musulmans, la lecture des textes sacrés avec attention permet aussi d'« entendre » les messages que Dieu nous adresse.

Lire un texte sacré, puis faire silence en soi en étant attentif à ce qui nous parle plus particulièrement : c'est ce que l'on nomme « *Lectio Divina* » ou lecture divine. Il s'agit d'une lecture méditative des textes bibliques, par exemple, qui invite à « goûter, savourer » le texte pour en extraire le message qui nous est destiné, sur le sens profond du texte.

Issue de la tradition juive, la *Lectio Divina* comprend quatre étapes: lecture, méditation, prière et contemplation.

La contemplation est elle-même une forme de prière dans laquelle la personne tourne son attention vers Dieu pour s'unir à Lui. Elle implique donc de détourner son attention de tout ce qui n'est pas Dieu.

Les pratiques contemplatives ne se limitent pas à la dimension religieuse ou spirituelle, des universités américaines, des centres pour l'encouragement des pratiques contemplatives dans la formation universitaire commencent à se développer. Ils visent à promouvoir l'exploration du sens de la vie, des valeurs et des pratiques qui peuvent servir l'évolution humaine future et à faire prendre conscience de l'interdépendance de tout ce qui vit, en ouvrant les cœurs autant que les esprits consultez par exemple le site contemplativemind.org.

Ce centre a présenté un arbre des pratiques contemplatives qui résume bien tous les moyens d'être attentifs, de donner sa pleine attention à ce qui peut représenter pour nous la transcendance ou la spiritualité.

L'attention à la dimension spirituelle en nous

Cette dimension comprend divers aspects qu'on peut regrouper de la manière suivante :

> Le silence :
  - diverses formes de méditation ;
  - prières silencieuse ;
  - contemplation ;
  - *Lectio Divina* ;
  - visualisation ;
  - retraites en silence.

> Les arts contemplatifs :
  - musique et chants ;
  - arrangements de fleurs, Ikebana ;
  - la voie de l'arc, les mudras.

> Les pèlerinages, marches méditatives.

> L'écoute profonde des paraboles et des koans.

- Les cérémonies ou rituels basés sur des traditions.
- religieuses ou culturelles.
- La création d'un espace sacré personnel chez soi.
- Le yoga, l'aikido, le qicong.
- La contemplation de la nature et de la beauté.

> ***L'attention est la prière naturelle de l'esprit. Elle est à l'obtention de la vérité ce que la prière est à l'obtention de la grâce.***
>
> Pierre Blanchard

Aujourd'hui, la méditation semble être le chemin vers l'attention à l'instant, qu'il s'agisse de méditation de la pleine conscience, ou de la méditation zen, ou bouddhiste tibétaine.

Il est certain que ces approches développent la capacité d'attention, à soi, aux autres, à l'environnement. Pourtant l'attention peut être développée autrement encore, par le silence et l'écoute, par la prise de conscience de son corps dans la relaxation et la sophrologie, par des rites et rituels basés sur des traditions religieuses ou culturelles aux racines très anciennes.

Les arts contemplatifs permettent aussi de développer tout particulièrement l'attention à l'instant.

Parmi ceux-ci, citons :

LE KADO, LA VOIE DES FLEURS ou *Kalapa Ikebana.* Il s'agit là d'une attention méditative qui permet d'apprécier chaque instant de ce travail avec les fleurs, de développer le respect de soi-même, des autres et de toute forme de vie, accessoirement de fabriquer de magnifiques arrangements floraux.

LE KYUDO, LA VOIE DE L'ARC
C'est une méditation, debout et en action, où l'on donne toute son attention aux différents gestes du tir à l'arc en utilisant des arcs japonais traditionnels en bambou. Le Kyudo a pour but de purifier le cœur et d'éveiller l'esprit et non, en premier lieu, d'atteindre la cible.

La photographie contemplative ou *Miksang*, mot tibétain qui veut dire « bon œil ».
Il s'agit d'un apprentissage, au moyen d'exercices visuels et de travaux photographiques qui permettent à l'œil et à l'esprit d'être synchronisés afin que l'expérience de voir ne soit pas perturbée par des distractions, mais devienne le fruit d'une totale attention à ce qui est.

Les mudras
L'attention est mise sur des postures et mouvements, tirés de danses monastiques traditionnelles du Tibet. Ces techniques permettent de synchroniser le corps et l'esprit, en relation avec l'espace, de maintenir son attention, sa vigilance au milieu d'une activité intense.

Le chant et la musique permettent aussi de développer l'attention. On ne peut pas jouer une partition difficile sans donner sa pleine attention à ce qu'on fait, ni chanter sans être attentif à sa respiration, sa voix, les sons qu'elle donne, ou encore à sa cage thoracique !

Parmi les pratiques qui développent les qualités d'attention, citons encore l'écoute en profondeur d'histoires, de paraboles, de pensées, de proverbes, de Koan qui sont des énigmes, des illogismes donnés par un maître à ses disciples pour les faire progresser sur la voie de l'éveil.

Les paraboles sont aussi d'intéressants moyens de développer ses qualités d'attention. Le grand guide bouddhiste Ajahn Chah a enseigné en paraboles. Celles-ci ont été transcrites par ses disciples et forme un recueil qui ne doit pas être vendu et qu'on peut se procurer gratuitement sur internet (en anglais, www.buddhanet.net). Voici quelques exemples de ces enseignements qui sont utiles à tous les humains :

L'ÉPINE

Les choses sont ce qu'elles sont. Elles ne causent pas de souffrance à quiconque. Comme une épine, une épine très pointue, est-ce qu'elle vous fait souffrir ? Non, c'est juste une épine. Elle ne fait de mal à personne. Mais si vous marchez sur elle, vous allez souffrir. Pourquoi allez-vous souffrir ? Parce que vous avez marché sur elle. L'épine ne s'occupe pas de vous, elle est simplement une épine. C'est à cause de vous-même que vous souffrez. Les formes, les émotions, les perceptions… tout dans ce monde est ce qu'il est. C'est nous qui nous battons avec elles. Si nous les frappons, elles répondent en nous frappant. Si on les laisse tranquilles, elles nous laisseront tranquilles.

La bouteille de médicaments

On peut comparer la pratique spirituelle à une bouteille de médicaments que le médecin laisse pour son patient. Sur la bouteille, il laisse les instructions détaillées sur la manière de prendre le médicament. Le malade peut lire les instructions cent fois de suite, il ne guérira pas s'il ne fait que lire les instructions. Ne guérissant pas, il se plaindra alors de l'ignorance du médecin, il critiquera le médicament inefficace. Pourtant, c'est lui le patient qui s'est contenté de lire la prescription au lieu de prendre le médicament. S'il l'avait pris, il serait guéri.

Sagesse africaine

> N'insulte pas le crocodile avant d'avoir traversé la rivière.

> Ce n'est pas parce qu'il a trempé dans l'eau pendant cent ans qu'un morceau de bois deviendra un crocodile.

Sagesse ancienne

> Personne ne peut être blessé sinon par lui-même.

> Mon Dieu, donnez-moi la sérénité d'accepter les choses que je ne puis pas changer, le

courage de changer celles que je peux et la sagesse d'en connaître la différence.

- Ce que les autres disent de moi ne me regarde pas.
- La beauté est dans les yeux de celui qui regarde.
- Aimer, c'est veiller sur la solitude de l'autre, sans prétendre la combler.

Un moyen de développer son attention consiste à lire plusieurs fois ces textes, ces pensées et à écrire dans un journal de bord personnel ce que cela évoque en nous, comment nous le recevons.

Christiane Singer, pour qui l'attention à l'instant, à soi, aux autres, au Tout Autre était tellement importante, a écrit un magnifique texte à ce propos. Le voici :

> *L'instant, cette cible que je méprise parce qu'elle m'est toujours offerte. Il vient d'entrer, l'instant ! Il se tient dans la porte entrebâillée. Un air candide, naïf. Il est là. Personne ne prête attention à lui. Il repart doucement. Un autre se présente. Un autre instant. Neuf aussi. Puis un autre encore, un autre encore...*

Personne ne lève les yeux pour saluer leur arrivée ni leur départ. Une main invisible égrène le chapelet du temps – un grain après l'autre – une perle après l'autre. C'est une main que la prière ne lasse pas, une main de patience et d'amour.

Puis reviennent les jours mauvais, où la chaîne du seau casse, où la meule se fend, où le fil de l'écheveau se rompt...

Quels cris alors montent au ciel ! Quel déferlement de lamentations !

Frère, à tout hasard, lève les yeux !
Un instant vient d'entrer dans ta chambre, vois-le se glisser par la porte entrouverte ! Et si tu te levais pour l'accueillir, le saluer ? Si tu prenais ses mains dans les tiennes ? Un seul instant ?

Luc Templier, *52 méditations pour vivre*

Cette attention à l'instant présent est encouragée dans toutes les traditions, ici dans l'hindouisme :

Ce jour est un jour neuf

Ce jour est
Un jour tout neuf.
Il n'a jamais existé
Et il n'existera jamais plus.
Prenez donc ce jour
Et faites-en une échelle
Pour accéder à
De plus hauts sommets.

Ne permettez pas
Que la tombée du jour
Vous trouve semblable
À ce que vous étiez à l'aube.

Faites de ce jour
Un jour unique, mémorable.
Enrichissez-le et, ce faisant,
Enrichissez-vous.
Ce jour est un don de Dieu.
Il n'est donc pas quelque chose
D'extraordinaire, de fortuit,
Quelque chose qui va de soi.
Il vous est spécialement offert.
Prenez-le entre vos mains
Avec un sentiment de ferveur.

Swâmi Chidânanda

Conclusion

L'attention, l'autre nom de l'amour! C'est ce qui ressort des pages qui précèdent. Qu'il s'agisse de l'amour de la vie, de la nature, de la beauté, de l'amour de soi, des autres ou du Tout Autre, l'attention est le pré-requis. La vie entière peut être tellement plus riche et plus dense lorsqu'on est attentif, conscient, présent.

Pourtant, cette attention, que sait manifester le petit enfant, nous la perdons en grandissant.
Nous nous laissons distraire par les multiples sollicitations proposées, nous en arrivons parfois à ne plus être vraiment présents à la vie, nous sommes comme des somnambules et nous avons besoin de nous réveiller doucement, de revenir à nous-même, à ce qui nous entoure et aux autres, à tous ceux qui partagent ce temps de vie qui est le nôtre.

C'était le but de ce petit ouvrage, rappeler qu'on peut vivre éveillé, attentif, ouvert, réellement présent à l'amour qui peut être échangé et qui est l'essentiel, que recherche tout être humain de son premier regard à son dernier soupir.

Les ressources pour développer son attention

LIVRES DE MÉDITATION AVEC CD

Christophe André, *Méditer jour après jour* (avec CD), Éd. L'iconoclaste

Fabrice Midal, *Pratique de la méditation* (avec CD audio + DVD), Éd. Le livre de poche

SUR INTERNET

Méditations guidées en français, youtube.com (plusieurs possibilités)

LECTIO DIVINA

Nombreuses possibilités, voir www.ceccv.ch

ARTS CONTEMPLATIFS

Pour la voie des fleurs (Ikebana), voir www.ikebana-international-geneve.ch/

Kyudo Kai – Voie de l'arc (tir à l'arc japonais) www.kyudo-geneve.ch

Yoga

De nombreux cours ont lieu dans toutes les villes suisses, voir sous www.yoga.ch

Retraites en ligne

Elles sont organisées à l'intention de ceux qui ne peuvent d'absenter pour aller dans un centre spirituel ou un monastère, voir :

www.ndweb.org/retraites-en-ligne/ (jésuites de France)

www.retraitedanslaville.org (dominicains de Lille)

Ce sont les plus ouvertes au monde, et à l'actualité.

Bibliographie

Christian Bobin, *Les ruines du ciel*, coll. Folio, 2011

– *La Dame blanche*, coll. Folio, 2009

Lorraine Brissette, Michelle Arcand & Josianne Bonnet, *Soigner sans s'épuiser*, Éd. Gaëtan Morin, Boucherville (Québec), 1998

Pema Chödrön, *Sur le chemin de la transformation*, Éd. Pocket, Paris, 2006

Piero Ferrucci, *La Psychosynthèse*, Éd. Retz, 1982

Jack Kornfield, *Après l'extase, la lessive*, Éd. Pocket, Paris, 2010

Jean-Yves Leloup, *Un art de l'attention*, Éd. Albin Michel, Paris, 2002

Anthony de Mello, *Redécouvrir la vie*, Éd. Albin Michel, Paris, 2014

Kristin Neff, *S'aimer*, Éd. Belfond, coll. L'esprit d'ouverture, Paris, 2013

Osho, *Être en pleine conscience*, Éd. Jouvence, Saint-Julien-en-Genevois, 2012

Rosette Poletti & Barbara Dobbs, *Petit cahier d'exercices d'émerveillement*, Éd. Jouvence, Saint-Julien-en-Genevois, 2010

Rosette Poletti, *Chemins de sagesse pour des temps difficiles*, Éditions La Source Vive, Gollion, 2015

Rosette Poletti & *Barbara Dobbs, La Gratitude*, Éd. Jouvence, Saint-Julien-en-Genevois, 2009

Matthieu Ricard, *L'Art de la méditation*, Éd. Pocket, Paris, 2010

Dr Michael Sinclair & Josie Seydel, *Méditer en pleine conscience*, Éd. Larousse, Paris, 2015

Luc Templier, *52 méditations pour vivre*, Éd. Dervy, Paris, 2011

Thich Nhat Hanh, *Commencer à méditer*, Éd. Pocket, Paris, 2014

Thich Nhat Hanh, *La Plénitude de l'instant*, Éd. Marabout, Paris, 2013

Simone Weil, *La Pesanteur et la Grâce*, Presses Pocket-Agora, Paris, 2012

Simone Weil, *L'Enracinement*, Éd. Gallimard, « Folio essais », Paris, 1990

Achevé d'imprimer en octobre 2015
par l'imprimerie Novoprint, Espagne